VICTOR HUGO

SPIRITUALISTE

Par Adrien SEITTE

QUATRIÈME ÉDITION

> ... Assez de nuit et de tempête
> A passé sur vos fronts penchés
> Levez les yeux! Levez la tête!
> La lumière est *là-haut!* Marchez!
>
> (*Les Rayons et les Ombres.*)

PRIX : **40** CENTIMES

A MONTLUÇON (Allier)

Bureau du « Petit Messager »

VICTOR HUGO

SPIRITUALISTE

Par Adrien SEITTE

QUATRIÈME ÉDITION

> ... Assez de nuit et de tempête
> A passé sur vos fronts penchés
> Levez les yeux! Levez la tête!
> La lumière est *là-haut!* Marchez!
>
> (*Les Rayons et les Ombres.*)

PRIX : **40** CENTIMES

A MONTLUÇON (Allier)

Bureau du « Petit Messager »

VICTOR HUGO

SPIRITUALISTE

Nous avons vu défiler, en juin 1885, l'immense cortége accompagnant le corps de Victor Hugo au Panthéon. Jamais, croyons-nous, la France n'a fait de telles funérailles à aucun de ses souverains, et ce n'est pas sans satisfaction que nous avons vu honorer la mémoire de l'homme pacifique, du philanthrope et du poète incomparable.

Il y avait, en effet, quelque chose de grand dans l'élan de tout ce peuple levé pour saluer la dépouille mortelle d'un homme « qui n'a été grand que par la puissance du génie, la douceur de son âme, sa pitié, sa foi profonde au relèvement et à l'avenir divin de l'humanité. »

Mais notre satisfaction n'a pas été sans mélange.

Nous aurions voulu davantage, et, au risque de passer pour exigeant, nous allons franchement exprimer notre pensée :

Victor Hugo a été un spiritualiste convaincu ; on pourrait tirer un bien gros volume de son œuvre immense affirmant les vérités d'ordre supérieur : *Dieu, l'âme, la vie future,* et on sait que son testament se termine par cette noble confession, qui est l'expression suprême de sa lumineuse pensée : *Je crois en Dieu.*

Cette forte et sûre croyance qui a donné au poète ses grandes inspirations, qui l'a consolé dans ses nombreuses épreuves, n'a pas été mise en relief dans la manifestation du 1er juin 1885.

Sans doute beaucoup de spiritualistes et même des chrétiens étaient là, dans ce cortège, recueillis et émus ; il y avait aussi quelques couronnes et quelques bannières portant l'affirmation énergique du poète, mais l'ensemble de la cérémonie, si grandiose fut-il, était dépourvu de ce caractère solennel qui remue les âmes et les élève au-dessus des préoccupations de la terre pour leur laisser entrevoir cet idéal que le grand écrivain a si bien décrit dans l'ode neuvième, l'*Âme* :

> ... Mon esprit sur ton aile, ô puissante compagne,
> Vole de fleur en fleur, de montagne en montagne,
> Remonte aux champs d'azur d'où l'homme fût banni,
> Du secret éternel lève le voile austère ;
> Car il voit plus loin que la terre,
> Ma pensée est un monde errant dans l'infini...

Le caractère distinctif des cérémonies civiles consisterait-il à laisser l'homme en face de lui-même et des réalités d'ici-bas en lui montrant cette « immortalité toute terrestre, qui consiste dans la permanence plus ou moins longue d'un souvenir, dans le prolongement plus ou moins étendu d'une vie humaine, immortalité qui n'est, comme on l'a dit, qu'un autre nom du néant... »

Nous craignons que ce soit là l'impression de tous ceux qui jugent sans passion et partant avec la plus entière indépendance.

Les discours prononcés dans cette solennelle circonstance ne sont pas faits pour affaiblir cette impression : on a donné gloire au poète, à l'homme, qu'on a grandi dans des proportions énormes. On a oublié Dieu « qui fait vivre et qui fait mourir, qui élève et qui abaisse. »

Nous n'incriminons pas, nous constatons.

Maintenant, les torchères sont éteintes ; les trophées, voilés de deuil, ont disparu ; le silence de la tombe a commencé ; mais l'œuvre du poète reste et si le temps doit en emporter telle ou telle partie, il en demeurera assez pour attester le génie de l'homme qui a le mieux illustré la parole profonde de Lamartine son émule et son ami :

« L'homme est un Dieu tombé qui se souvient des cieux. »

A ceux qui nient nos origines célestes et qui ne reculent pas devant la gigantesque et folle entreprise de nous ramener au paganisme grec qui divinisait les poètes et les héros, nous nous permettrons de placer sous leurs yeux les affirmations de Victor Hugo sur le Dieu qui seul doit être l'objet de l'adoration universelle.

DIEU

—

Il est ! mais nul cri d'homme ou d'ange, nul effroi,
Nul amour, nulle bouche, humble, tendre ou superbe,
Ne peut balbutier distinctement ce verbe !
Il est ! Il est ! Il est ! Il est éperdûment !
Tout, les feux, les clartés, les cieux, l'immense aimant,
Les jours, les nuits, tout est le chiffre ; il est la somme.
Plénitude pour lui, c'est l'infini pour l'homme.

. . . .

Contente-toi de croire en lui, contente-toi
De l'espérance avec sa grande aile, la foi.

. . . .

Il est, puisque je vais le front haut ; puisqu'un maître
Qui n'est pas lui, m'indigne, et n'a pas le droit d'être ;
Il est, puisque César tremble devant Patmos ;
Il est, puisque c'est lui que je sens sous ces mots :
Idéal, Absolu, Devoir, Raison, Science ;
Il est, puisqu'à *ma faute* il faut sa patience,
Puisque l'âme me sert quand l'appétit me nuit,
Puisqu'il faut un grand jour sur ma profonde nuit !

. . . .

Il est ! Il est ! Regarde, âme. Il a son solstice,
La conscience ; il a son axe, la Justice ; .
Il a son équinoxe, et c'est l'Egalité ;
Il a sa vaste aurore, et c'est la Liberté.

Son rayon dore en nous ce que l'âme imagine.
Il est ! Il est ! Il est ! Sans fin, sans origine,
Sans éclipse, sans nuit, sans repos, sans sommeil.
Renonce, ver de terre, à créer le soleil.

(Religions et Religion).

Croire à Dieu seul ! Son nom ,rayonne en ses ouvrages!
Il porte dans sa main l'univers réuni;
Il mit l'éternité par delà tous les âges,
Par delà tous les cieux il jeta l'infini.

Il a dit au chaos sa parole féconde,
Et d'un mot de sa voix laissé tomber le monde !
L'archange auprès de lui compte les nations,
Quand, des jours et des lieux franchissant les espaces,
Il dispense aux siècles leurs races,
Et mesure le temps aux générations !

Rien n'arrête en son cours sa puissance prudente,
Soit que son souffle immense, aux ouragans pareil,
Pousse de sphère en sphère une comète ardente,
Ou dans un coin du monde éteigne un vieux soleil !

Soit qu'il sème un volcan sous l'Océan qui gronde,
Courbe ainsi que des flots le front altier des monts,
Ou de l'enfer troublé touchant la voûte immonde.
Au fond des mers de feu chasse les noirs démons !

Oh ! la création se meut dans ta pensée,
Seigneur! tout suit la voie en tes desseins tracée,
Ton bras jette un rayon au milieu des hivers,
Défend la veuve en pleurs du publicain avide
Ou dans un ciel lointain, séjour désert du vide,
            Crée en passant un univers !

L'homme n'est rien sans lui, l'homme, débile proie,
Que le malheur dispute un moment au trépas.
Dieu lui donne le deuil ou lui reprend la joie.
Du berceau vers la tombe il a compté ses pas.

Son nom, que des élus la harpe d'or célèbre,
Est redit par les voix de l'univers sauvé :
Et lorsqu'il retentit dans son écho funèbre,
L'enfer maudit son roi par les cieux réprouvé.

Oui, les anges, les saints, les sphères étoilées
Et les âmes des morts devant toi rassemblées,
O Dieu! font de ta gloire un concert solennel ;
Et tu veux bien que l'homme, être humble et périssable,
Marchant dans la nuit sur le sable,
.Mêle un chant éphémère à cet hymne éternel !

Gloire à Dieu seul ! son nom rayonne en ses ouvrages !
Il porte dans sa main l'univers réuni ;
Il mit l'éternité par-delà tous les âges,
Par delà tous les cieux il jeta l'infini.

(*Jéhovah*. — *Odes et Ballades.*)

❖

Dieu ! Dieu ! Dieu ! le rocher où la lame déferle
Compte sur lui ; c'est lui qui règne ; il fait la perle
    Et l'étoile pour les sondeurs ;
L'azur le voile ; il met, pour que le tigre y dorme,
De la mousse dans l'antre ; il parle, voix énorme,
    A l'ombre dans les profondeurs.

Il règne ; il songe ; il fond les granits dans les soufres ;
Il crée en même temps les soleils et les gouffres
    Et le liseron dans le pré ;
Pour l'avoir un jour vu, la mer est encore ivre ;
Les versants du Sina sont de son vaste livre
    Le pupitre démesuré.

. . . .

Devant ce Dieu s'enfuit tout ce qui hait son œuvre,
La tempête, le mal, l'épervier, la couleuvre,
    Le méchant qui ment et qui nuit,
La trombe, affreux bandit, qui dans les flots se vautre,
L'hiver boîteux qui fait marcher l'un après l'autre
    Son jour court et sa longue nuit.

. . . .

Il tient une balance immense en équilibre ;
Il met dans un plateau les cieux, la mer qui vibre,
    Ceux qui sur le trône ont vécu.
Le monde et ses clartés, le mystère et ses voiles,
Et l'abîme jetant son écume d'étoiles ;
    Dans l'autre il met Caton vaincu.

. . . .

Nous croyons en ce Dieu vivant ; sa foi nous brûle ;
Il inspire Brutus sur la chaise curule,
          Guillaume Tell sous la sayon ;
Nous allumons, courbés sous son vent qui nous pousse,
Notre liberté fière à sa majesté douce
          Et notre foudre à son rayon.

. . . .

Nous allons à l'amour, au bien, à l'harmonie,
O vivants qui flottez dans l'énigme infinie,
          Un arbre, auguste à tous les yeux,
Conduit notre navire à travers l'âpre abîme ;
Jésus ouvre ses bras sur la vague sublime
          De ce grand mât mystérieux.

. . . .

. . . .

Ah ! tu dis : — Dieu n'est pas, puisque le mal existe.
Je chasse Jéhovah parce que je suis triste. —
          Bien. Dresse-toi sur ton séant ;
Etouffe en toi l'amour et l'espoir ; raille et blâme ;
Ferme ton volet sourd ; allume dans ton âme
          Le hideux réchaud du néant !

. . . .

S'il existe... — Il faudrait d'abord que je le visse,
Dis-tu, — c'est bon, qu'il soit ! ét fasse son service ! —
          Ah ! l'homme en qui rien n'éteindra
La folle volonté de sonder l'insondable,
Mériterait qu'on mît son orgueil formidable
          Sous ta douche, ô Niagara !

Nains ! Dieu vous met sa marque afin qu'on vous réclame.
Croyez-vous que la mort, qui n'accepte que l'âme,
          Et qui pèse tout dans sa main,
Si son incorruptible et terrible prunelle
N'y reconnaissait pas l'effigie éternelle
          Recevrait le liard humain ?

Dieu n'est pas ! ce seul mot serait une torture.
Vous n'avez donc jamais regardé la nature ?
          Heureux le sage, humble roseau,
Qui songe, et qui, pensif, voit bondir l'avalanche
De montagne en montagne, et qui, de branche en branche,
          Voit sauter le petit oiseau !

Vous n'avez donc jamais erré dans les ravines?
Vous n'avez donc jamais, parmi les fleurs divines,
        Respiré la brise en marchant,
Et jamais écouté, dans les fermes lointaines,
Mugir les bœufs rêveurs quand rampent dans les plaines
        Les longues ombres du couchant ?

Vous n'avez donc jamais contemplé l'invisible?
Jamais vu l'idéal, et gravi du possible
        Le sommet désert, triste et grand?
Hélas! vous n'avez donc jamais, sous le ciel calme,
Vu luire l'auréole et frissonner la palme
        Et sourire un martyr mourant?

Vous n'avez donc jamais vu dans votre pensée
L'étendue, où s'en vont, d'une course insensée,
        Les ténèbres fuyant le jour?
Jamais vu l'infini qui rit à la chaumière,
Que le soleil ne peut emplir de sa lumière,
        Mais que l'âme remplit d'amour?

Dis, tu n'as donc jamais attaché ta prunelle
Sur la profondeur morne, obscure et solennelle,
        A l'heure où le croissant reluit,
Où l'on voit s'arrondir sur les mers remuées,
Ce fer d'or qu'a laissé tomber dans les nuées
        Le sombre cheval de la nuit?

. . . .

   (*Tout le passé et tout l'avenir. — Légende des Siècles.*)

...« Je n'ajouterai rien à cette simple vie, à cette grande
mort. Qu'il repose en paix, dans cette fosse obscure où la terre
va le couvrir et où son âme est allé trouver les éternelles
espérances du tombeau...

« ... Devant ce sépulcre, devant ce gouffre où il semble
que l'homme s'engloutit, devant cette sinistre apparence du
néant, nous nous sentons consolidés dans nos principes et
dans nos certitudes ; l'homme convaincu n'a jamais le pied
plus ferme que sur la terre mouvante du tombeau ; et l'œil
fixé sur ce mort, sur cet être évanoui, sur cette ombre qui a
passé, croyants inébranlables, nous glorifions celle qui est
immortelle et celui qui est éternel, la Liberté et Dieu !

« Oui, Dieu ! jamais une tombe ne doit se fermer sans que

ce grand mot, sans que ce mot vivant y soit tombé. Les morts le réclament, et ce n'est pas nous qui le leur refuserons. Que le peuple religieux et libre au milieu duquel nous vivons le comprenne bien, les hommes du progrès, les hommes de la démocratie, les hommes de la révolution savent que la destinée de l'âme est double, et l'abnégation qu'ils montrent dans cette vie prouve combien ils comptent profondément sur l'autre.

> *(Fragments d'un discours prononcé par V. H. au cimetière de Saint-Jean, à Jersey, sur la tombe de Jean Bousquet, de Tarn-et-Garonne, mort en exil à trente-quatre ans, le 23 avril 1853).*

En décembre 1880, le conseil municipal de Besançon faisait placer une inscription sur la maison du poète et donnait son nom à une rue de la ville. Invité par ses concitoyens, à cette fête, Victor Hugo s'y fit représenter par M. Paul Meurice qui était porteur de la lettre suivante :

Décembre 1880.

Je remercie mes compatriotes avec une émotion profonde. Je suis une pierre de la route où marche l'humanité; mais c'est la bonne route. L'homme n'est le maître ni de sa vie ni de sa mort. Il ne peut qu'offrir à ses concitoyens ses efforts pour diminuer la souffrance humaine et qu'offrir à Dieu sa foi invincible dans l'accroissement de la liberté.

Victor Hugo.

Ah ! certes, je sais bien moi, souffrant et rêvant,
Que tout cet inconnu qui m'entoure est vivant,
Que le néant n'est pas, et que l'ombre est une Ame ;
La cendre ne parvient qu'à me prouver la flamme ;
Faire voir clairement le ciel, l'éternel port,
La vie enfin, c'est là le succès de la mort ;
Oh ! certes je voudrais qu'au ténébreux passage
Mon cercueil, esquif sombre, eût pour pilote un sage,
Un pontife, un apôtre, un auguste songeur,
Un image, ayant au front l'attente, la rougeur
Et l'éblouissement de la profonde aurore ;
Je voudrais qu'à la fosse où meurt le rien sonore
Un sénateur du vrai, du réel, un magnat
Du sépulcre, un docteur du ciel m'accompagnât

Oui je réclamerai cette sainte prière !
Devant la formidable et noire fondrière ;
Oui, je trouverais bon que pour moi, loin du bruit,
Une voix s'élevât et parlât à la nuit !
Car c'est l'heure où se fend du haut en bas le voile ;
C'est dans cette nuit là que se lève l'étoile !
Je le voudrais ; et rien ne me serait meilleur
Qu'une telle prière après un tel malheur,
Ma vie ayant été dure et funèbre, en somme...

. . . .

(*Légende des siècles.*)

-*❖*-

Le testament de Victor Hugo se termine, on le sait, par cette affirmation catégorique :

Je crois en Dieu

A son vieil ami, Madier de Montjau, qui lui demandait ce qu'était son Dieu, le poète répondit :

Il est la Justice, la Conscience, la Liberté.

-*❖*-

Un savant libre-penseur, ami du poète, a écrit les lignes suivantes dans un journal peu habitué à défendre les principes du spiritualisme :

« Donné par un homme d'une supériorité aussi haute, cet enseignement (l'existence de Dieu) n'est-il pas digne de nos réflexions ?...

Profondeur, Lumière, Bonté n'étaient-elles pas ensemble le caractère de son génie ?... Il s'est fait une grande évolution dans sa pensée au point de vue de la politique et au point de vue de la religion ; mais sur ces deux grands points : *Dieu* et l'*Ame*, il n'a jamais varié, comme si Dieu et l'homme étaient en dehors de ce qui, dans un très grand esprit, est susceptible de changement. C'est un grand sujet de réflexion quand le positivisme, qui se donnait comme l'expression suprême de la science et s'offrait à servir de lumière au siècle, s'est éteint faute d'adhérents, comme une flamme manquant d'air, de voir le grand peuple de Paris, avec les députations de la France et du monde, conduisant au temple de la gloire celui qui résume sa doctrine et clôt sa vie par ce mot : *Je crois en Dieu !*

« Qu'on le sache bien, entre une affirmation matérialiste comme celle-ci : que le microscope voit le cerveau penser et se souvenir et les plus ridicules miracles affirmés par la superstition, l'imposture est aussi forte d'un côté que de l'autre. »

❖

Le Dieu que le poète proclame est le Dieu juste qui frappe le coupable. Qu'on relise dans la *Légende des siècles*, le chef-d'œuvre intitulé : « Le parricide ».

Un jour Kanut, à l'heure où l'assoupissement
Ferme partout les yeux sous l'obscur firmament,
Ayant pour seul témoin la nuit, l'aveugle immense,
Vit son père Svéno, vieillard presque en démence,
Il le tua, disant : Lui-même n'en sait rien,
      Puis il fut un grand roi.

. . . . . , ... , ...

Il fut héros, il fut géant, il fut génie ;
Le sort de tout un monde au sien semblait lié ;
Quant à son parricide, il l'avait oublié.

. . . .

Il mourut. On le mit dans un cercueil de pierre
Et l'évêque d'Aarhus vint dire une prière
Et chanter, sur sa tombe, un hymne, déclarant
Que Kanut était saint, que Kanut était grand,
Qu'un céleste parfum sortait de sa mémoire,
Et qu'ils le voyaient eux, les prêtres, dans la gloire,
Assis comme un prophète à la droite de Dieu.

. . . .

Le bruit ayant cessé dans la sombre cathédrale,
Kanut se lève de sa couche sépulcrale, va vers le
mont Savo et s'y taille une robe immaculée dans un
monceau de neige :

. . . .

Et le front haut, tout blanc dans son linceul de neige,
Il entre par delà l'Islande et la Norwége,
Seul dans le grand silence et dans la grande nuit,
Derrière lui le monde obscur s'évanouit ;
Il se trouva, lui spectre, âme, roi sans royaume,
Nu, face à face avec un immense fantôme ;
Il vit l'infini, porche horrible et reculant
Où l'éclair quand il entre expire triste et lent.
L'ombre, hydre dont les nuits sont les pâles vertèbres,
L'informe se mouvant dans le noir, les Ténèbres ;
Là, plus d'astres, et pourtant on ne sait quel regard
Tombe de ce chaos immobile et hagard :
Pour tout bruit, le frisson lugubre que fait l'onde
De l'obscurité, sourde, effarée et profonde.
Il s'avança disant : — C'est la tombe ; au-delà
C'est Dieu. — Quand il eut fait trois pas il appela ;
Mais la nuit est muette ainsi que l'ossuaire,
Et rien ne répondit ; pas un pli du suaire
Ne s'émut, et Kanut avança ; la blancheur.
Du linceul rassurait le sépulcral marcheur ;
Il allait. Tout à coup, sur son livide voile
Il vit poindre et grandir comme une noire étoile ;
L'étoile s'élargit lentement, et Kanut,
La tâtant de sa main de spectre, reconnut
Qu'une goutte de sang était sur lui tombée.
Sa tête que la peur n'avait jamais courbée,
Se redressa ; terrible, il regarda la nuit,
Et ne vit rien ; l'espace était noir, pas un bruit,
— En avant, dit Kanut, levant sa tête fière.
Une seconde tâche auprès de la première
Tomba, puis s'élargit ; et le chef cimbrien
Regarda l'ombre épaisse et vague, et ne vit rien.
Comme un limier à suivre une piste s'attache,
Morne, il reprit sa route ; une troisième tâche
Tomba sur le linceul. Il n'avait jamais fui ;
Kanut pourtant cessa de marcher devant lui
Et tourna du côté du bras qui tient le glaive ;
Une goutte de sang, comme à travers un rêve,
Tomba sur le suaire et lui rougit la main ;
Pour la seconde fois il changea de chemin,
Comme en lisant on tourne un feuillet de registre,
Et se mit à marcher vers la gauche sinistre ;

Une goutte de sang tomba sur le linceul ;
Et Kanut recula, frémissant d'être seul,
Il voulut regagner sa couche mortuaire ;
Une goutte de sang tomba sur le suaire.
Alors il s'arrêta livide, et ce guerrier,
Blême, baissa la tête et tâcha de prier ;
Une goutte de sang tomba sur lui. Farouche,
Il se remit en marche ; et, lugubre, hésitant,
Hideux, ce spectre blanc passait ; et, par instant,
Une goutte de sang se détachait de l'ombre,
Implacable, et tombait sur cette blancheur sombre.
Il voyait, plus tremblant qu'au vent le peuplier,
Ces tâches s'élargir et se multiplier ;
Une autre, une autre, une autre, ô cieux funèbres
Leur passage rayait vaguement les ténèbres ;
Ces gouttes, dans les plis du linceul, finissant
Par se mêler, faisaient des nuages de sang ;
Il marchait, il marchait ; de l'insondable voûte
Le sang continuait à pleuvoir goutte à goutte,
Toujours, sans fin, sans bruit, et comme s'il tombait
De ces pieds noirs qu'on voit la nuit pendre au gibet.
Hélas qui donc pleurait ces larmes formidables?
L'infini. Vers les cieux, pour le juste abordables,
Dans l'Océan de nuit sans flux et sans reflux,
Kanut s'avançait, pâle et ne regardant plus.
Enfin marchant toujours comme en une fumée,
Il arriva devant une porte fermée
Sous laquelle passait un jour mystérieux ;
Alors sur son linceul il abaissa les yeux ;
C'était l'endroit sacré, c'était l'endroit terrible ;
On ne sait quel rayon de Dieu semble visible ;
De derrière la porte on entend l'*hosanna*.

Le linceul était rouge et Kanut frissonna.

Et c'est pourquoi Kanut, fuyant devant l'aurore
Et reculant, n'a pas osé paraître encore
Devant le juge au front duquel le soleil luit ;
C'est pourquoi ce roi sombre est resté dans la nuit,
Et sans pouvoir rentrer dans sa blancheur première,
Sentant, à chaque pas qu'il fait vers la lumière,
Une goutte de sang sur sa tête pleuvoir,
Rode éternellement sous l'énorme ciel noir

(Le Parricide. — Légende des siècles.)

Ainsi le poète n'absout pas purement et simplement. Il faut que le coupable avoue sa faute, la confesse, implore la miséricorde divine.

LA PRIÈRE

—

Il n'y a rien de plus émouvant et de plus élevé
que le récit du naufrage de la *Matutina,* dans l'*Homme
qui rit :*

Le navire s'emplit d'eau ; avant une heure, il s'abîmera
dans les flots. Le désespoir s'empare de la troupe de bandits
de tous pays qui vont mourir. Alors, à ce moment suprême,
l'un d'entre eux s'écrie :
« A genoux ! Jetons à la mer nos crimes. Ils pèsent sur
nous. C'est là ce qui enfonce le navire. Ne songeons plus au
sauvetage : songeons au salut. »
Il écrit sur un parchemin le récit de leurs crimes, tous le
signent de leur nom. On met le parchemin dans une gourde
que l'on goudronne et que l'on confie à la mer. Puis le même
homme reprend :
« Maintenant nous allons mourir. Prions. » Et debout,
au milieu des autres, agenouillés et déjà dans l'eau, il commence : *Pater noster qui es in cœlis ,* et tous ces bandits ré-
pètent, chacun dans sa langue, en espagnol, en italien, en
français : « *Notre Père qui es au cieux.* »
Il continue, mais après la troisième demande, aucune voix
ne lui répond plus. Toutes les têtes sont sous l'eau : pas un ne
s'est levé ; ils se sont tous laissé noyer à genoux. Il murmure
seul le reste de la prière et est englouti à son tour.

⬥

J'avais devant les yeux les ténèbres. L'abîme
Qui n'a pas de rivage et qui n'a pas de cîme,
Etait là, morne, immense, et rien ne remuait :
Je me sentais perdu dans l'infini muet.
Au fond, à travers l'ombre, impénétrable voile,
On apercevait Dieu comme une sombre étoile.
Je m'écriai : — Mon âme, ô mon âme ! il faudrait
Pour traverser ce gouffre où nul bord n'apparait
Et pour qu'en cette nuit jusqu'à ton Dieu tu marches,
Bâtir un pont géant sur des millions d'arches.
Qui le pourra jamais ? Personne ! ô deuil ! effroi !
Pleure ! — Un fantôme blanc se dressa devant moi,
Pendant que je jetais sur l'ombre un œil d'alarme,
Et ce fantôme avait la forme d'une larme ;
C'était un front de vierge avec des mains d'enfant :
Il ressemblait au lys que la blancheur défend ;

Ses mains en se joignant faisaient de la lumière ;
Il me montra l'abîme où va toute poussière,
Si profond que jamais un écho n'y répond,
Et me dit : « Si tu veux je bâtirai le pont. »
Vers ce pâle inconnu je levai ma paupière.
« Quel est ton nom ? » lui dis-je. Il me dit : « La prière. »

(Le Pont. — Contemplations.)

❖

 ... Dis pour toute prière :
Seigneur, Seigneur, mon Dieu vous êtes notre père,
Grâce, vous êtes bon ! grâce vous êtes grand !
Il n'est rien ici-bas qui ne trouve sa pente,
Le fleuve jusqu'aux mers dans les plaines serpente,
L'abeille sait la fleur qui recèle le miel.
Toute aile vers son but incessamment retombe
L'aigle vole au soleil, le vautour à la tombe,
L'hirondelle au printemps et la prière au ciel !...

(La prière pour tous. — Les Feuilles d'Automne.)

❖

Espère, enfant ! demain ! et puis demain encore !
Et puis toujours demain ! croyons dans l'avenir.
Espère ! et chaque fois que se lève l'aurore,
Soyons là pour prier comme Dieu pour bénir !

Nos fautes, mon pauvre ange, ont causé nos souffrances
Peut-être qu'en restant bien longtemps à genoux,
Quand il aura béni toutes les innocences,
Puis tous les repentirs, Dieu finira par nous !

(Espoir en Dieu. — id.)

❖

. . . . , ...

Soyez comme l'oiseau posé pour un instant
    Sur des rameaux trop frêles,
Qui sent ployer la branche et qui chante pourtant
    Sachant qu'il a des ailes.

(Les chants du Crépuscule.)

❖

Prie ! Il n'est qu'un vrai Dieu, juste dans sa clémence,
Par la fuite des temps sans cesse rajeuni ;
Tout s'achève dans lui, par lui tout recommence :
Son être emplit le monde ainsi qu'une âme immense :
    L'Eternel vit dans l'infini.

. . . .

    Dieu, par qui tout forfait s'expie,
    Marche avec celui qui le sert.
    Apparais dans la foule impie,
    Tel que Jean, qui vint du désert.
    Va donc, parle au peuple du monde :
    Dis-leur la tempête qui gronde,
    Révèle le juge irrité :
    Et pour mieux frapper leur oreille,
    Que ta voix s'élève pareille
    A la rumeur d'une cité !

. . . .

L'amour divin défend de la haine infernale.
Cherche pour ton cœur pur une âme virginale ;
Chéris-là ! Jéhovah chérissait Israël.
Deux êtres que dans l'ombre unit un saint mystère
    Passent en s'aimant sur la terre,
    Comme deux exilés du ciel.

. . . .

    Soutiens ton frère qui chancelle,
    Pleure si tu le vois souffrir :
    Veille avec soin, prie avec zèle,
    Vis en songeant qu'il faut mourir.
    Le pécheur croit, lorsqu'il succombe,
    Que le néant est dans la tombe,
    Comme il est dans dans la volupté ;
    Mais quand l'ange impur le réclame,
    Il s'épouvante d'être une âme,
    Et frémit de l'éternité.

       (*La Lyre et la Harpe. — Odes et Ballades.*)

-:❖:-

. . . .

Ne doutons pas ! croyons ! la fin, c'est le mystère,
Attendons. Des Nérons comme de la panthère,
    Dieu sait briser la dent.
Dieu nous essaye, amis. Ayons foi, soyons calmes,
Et marchons. Ô désert ! s'il fait croître des palmes,
    C'est dans ton sable ardent.

. . . .

Ne possède-t-il pas toute la certitude?
Dieu ne remplit-il pas ce monde, notre étude,
    Du nadir au zénith?
Notre sagesse auprès de la sienne est démence,
Et n'est-ce pas à lui que la clarté commence,
    Et que l'ombre finit?

Ne voit-il pas ramper les hydres sur leurs ventres?
Ne regarde-t-il pas jusqu'au fond de leurs antres
    Atlas et Pélion?
Ne connaît-il pas l'heure où la cigogne émigre?
Sait-il pas ton entrée et ta sortie, ô tigre?
    Et ton antre, ô lion?

Hirondelle, réponds, aigle à l'aile sonore,
Parle, avez-vous des nids que l'Eternel ignore?
    O cerf, quand tu l'as fui?
Renard, ne vois-tu pas ses yeux dans la broussaille?
Loup, quand tu sens la nuit une herbe qui tressaille,
    Ne dis-tu pas : c'est lui?

. . . .

Puisque l'obscure nuit le connaît, puisque l'ombre
Le voit, quand il lui plaît, sauver le nef qui sombre,
    Comment douterions-nous ?

. . . .

D'ailleurs pensons. Nos jours sont des jours d'amertume,
Mais quand nous étendons les bras dans cette brume,
    Nous sentons une main;
Quand nous marchons, courbés, dans l'ombre du martyre,
Nous entendons quelqu'un derrière nous nous dire :
    C'est ici le chemin...

               (*Lux.* — *Les Châtiments.*)

❖

> Ceux qui auront semé dans
> les larmes moissonneront dans
> l'allégresse.
>
> *(Ps. CXXVI, 6.)*

. . . .

Voici la vérité qu'au monde je révèle :
Du ciel dans mon néant je me suis souvenu,
Louez Dieu ! la brebis vient quand l'agneau l'appelle,
J'appelais le Seigneur, le Seigneur est venu.

Il m'a dit : « Va, mon fils, ma loi n'est pas pesante !
» Toi qui, dans la nuit même, as suivi mes chemins,
» Tu ceindras des heureux la robe éblouissante ;
» Parmi les innocents tu laveras tes mains. »
. . . .
Vous avez dans le port poussé ma voile errante ;
Ma tige a refleuri de sève et de verdeur ;
Seigneur je vous bénis ! de ma lampe mourante
Votre souffle vivant rallume la splendeur.

(*Actions de grâces. — Odes et Ballades.*)

Nous rapportons une conversation authentique que
l'illustre poète a eue, à Guernesey, avec un de ses
visiteurs, M. le professeur Stapfer dont la mémoire l'a
fidèlement conservée :

« Hier au soir, disait Victor Hugo, à six heures et demie,
l'heure de descendre pour le dîner, j'ai aperçu par terre dans
ma chambre, ce que j'y vois tous les ans au printemps, et cela
me fait toujours de la peine : des abeilles mortes. Les pauvres
bêtes entrent chez moi le matin quand on ouvre ; pendant la
journée, ne voyant point l'obstacle transparent qui s'oppose à
leur issue, elles se précipitent, pour sortir, contre les vitres de
ma chambre, de tous les côtés, au sud, au nord, à l'est,
à l'ouest, jusqu'à ce que, le soir, épuisées de fatigue, elles
tombent et meurent.

» Mais hier, avec les abeilles, il y avait un gros bourdon,
plus vigoureux que les abeilles, qui n'était pas mort, le gaillard,
mais encore très vivant et qui s'élançait de toutes ses forces
contre les carreaux comme un grand bêta qu'il était.

» Toi, l'ami, lui dis-je, tu as beau avoir la vie un peu plus
dure, si je ne viens pas à ton secours, ton affaire est faite
aussi ; avant la nuit tu seras mort, et, quand je remonterai ce
soir, si je cherche avec ma lampe ce que tu es devenu, je trou-
verai ton petit cadavre par terre, à côté de ceux des abeilles.
Allons ! comme l'empereur Titus, je veux signaler ma journée
par un bienfait : sauvons la vie à cet insecte !

» J'ouvris un carreau, et avec une serviette je chassai l'a-
nimal dans cette direction ; mais il fuyait toujours du côté
opposé. Alors j'essayai de le prendre en jetant la serviette sur
lui. Quand le bourdon sentit que je voulais le prendre, il per-
dit la tête complètement ; il bondissait en fureur contre les
vitres, comme s'il eût voulu les briser, reprenait son élan,

bondissait encore, parcourait en tous sens la chambre entière,
éperdu, désespéré, fou...

» Ah ! tu veux me prendre ! ah ! tu veux me ravir ma
liberté ! tyran ! despote ! affreux bourreau, ne me laisseras-tu
pas tranquille, à la fin ? Je suis heureux, pourquoi me persé-
cutes-tu ? »

» Après d'assez longs efforts, je parvins à le faire tomber,
et en le saisissant à travers la serviette, je lui fis involontai-
rement quelque mal... Oh ! comme il aurait voulu se venger :
il dardait son aiguillon : son petit corps nerveux contracté
sous mes doigts ramassait pour me piquer tout ce qui lui restait de vigueur. Mais moi, sans m'inquiéter de sa rage et de
ses protestations, j'étendis mon bras hors du carreau, et secouai
la serviette : le bourdon, un instant étourdi, prit son vol et
s'élança dans l'infini.

» Eh bien, j'ai sauvé ce bourdon, j'ai été sa *providence* :
mais (c'est la morale de mon histoire), bourdons stupides que
nous sommes tous, ne nous conduisons-nous pas de la même
manière envers la providence de Dieu ? Nous avons nos petits
projets absurdes, nos vues étroites et courtes, nos désirs vio-
lents dont l'accomplissement n'est pas possible, dont la pour-
suite nous perdra sûrement ; n'y voyant pas plus loin que
notre nez, les yeux fixés sur ce but prochain, nous marchons
en avant avec un entêtement aveugle, nous courons comme
pris d'un vertige insensé ; nous voulons réussir, triompher,
disons-nous, c'est-à-dire aller nous casser la tête contre un
obstacle que nous ne voyons point.

» Et quand Dieu, qui voit tout et qui veut nous sauver,
contrarie nos desseins, nous nous mettons à bourdonner, nous
aussi, nous murmurons sottement, nous accusons sa providence : nous ne comprenons pas d'abord que, s'il nous persé-
cute, s'il bouleverse tous nos plans et nous fait tant souffrir,
c'est pour nous ouvrir l'infini. Nous lui opposons notre sagesse,
notre bêtise, notre petite philosophie ! »

⁂

Vous qui pleurez, venez à ce Dieu, car il pleure !
Vous qui souffrez, venez à lui car il guérit !
Vous qui tremblez, venez à lui car il sourit !
Vous qui passez, venez à lui, car il demeure !

(Écrit sous un Crucifix. — Les Contemplations.)

LA VIE A VENIR

Le journal *l'Artiste* a publié, en 1881, le discours suivant que Victor Hugo adressa à cette époque, à la fin d'un diner, à quelques amis réunis autour de lui :

« Qu'est ce que mourir, si ce n'est vivre toujours ? J'en prends à témoin ces millions de mondes qui nous appellent par leur radieuse symphonie. Et au delà de ces millions de mondes, qu'y a-t-il ? L'infini, toujours l'infini. Si je prononce le nom de Dieu, je fais sourire quelques-uns de vous qui ne croient pas à Dieu. Pourquoi ne croient-il pas à Dieu ? Parce qu'ils croient aux forces vives de la nature ? Mais qu'est-ce que c'est que la nature ? Sans Dieu ce n'est qu'un grain de sable. C'est vouloir regarder les choses par le petit côté, quand le grand côté nous éblouit. Moi, je suis pour le grand côté. Qu'est-ce que la terre ? Un berceau et un tombeau. Mais de même que le berceau à ses origines, le tombeau à ses rayonnements ; c'est la porte fermée sur la terre, mais c'est la porte ouverte sur les mondes entrevus.

« Messieurs, vous avez beau croire que demain ou dans dix ans je serai enterré, je sens que vous ne me retiendrez pas ; vos six pieds de terre ne feront pas la nuit sur moi ; vos vers de terre pourront dévorer en moi ce qui est périssable, mais ce qui est la vie de ma tête, les yeux et les oreilles, le front et la bouche, nul ici-bas n'en aura raison...

« Vivons du visible, messieurs les savants, mais vivons aussi de l'invisible. Je vais partir. Croyez en un homme qui a heurté son front à tout. La science fera des trouvailles terrestres, mais elle aura toujours tort si elle n'est pas dominée par un idéal radieux. »

⟡

« ... Le papillon c'est la chenille métamorphosée. C'est si bien la chenille que, chaque partie de l'être rampant se trouve à l'analyse dans l'animal ailé ; mais la métamorphose est si complète que l'on croit voir une nouvelle créature. Ainsi dans notre existance d'outre-tombe, nous ne serons point de purs esprits, car c'est là un mot vide de sens pour la raison comme pour l'imagination. Qu'est ce qu'une vie sans les organes de la vie !

Qu'est-ce qu'une personnalité sans la forme qui la définit et qui la fixe ? Mais nous aurons vraisemblablement un autre corps, rayonnant, divin et pour ainsi dire spirituel, qui sera la transformation de notre corps terrestre ? »

(*Fragment cité par les Annales.*)

⟡

« Quoi ! lorsqu'on s'est aimé, pleurs et cris superflus,
» Ne jamais se revoir, jamais, jamais, ne plus
» Se donner rendez-vous au-delà de la vie !
» Quoi ! la petite tête éblouie et ravie,
» L'enfant qui souriait et qui s'en est allé,
» Mères, c'est de la nuit ! cela s'est envolé !

. . . .

» Quoi ! le seul lieu qu'on ait besoin d'aimer sur terre
» Et de sentir vivant, le tombeau, serait mort !
» En présence des cieux, quoi ! l'espérance a tort !
» Le deuil qui tord mon cœur en exprime un mensonge !
» Pas d'avenir ! un vide où l'œil égaré plonge !
» Fosse en la profondeur, linceul sur la hauteur !
» Pour mouvement la vie et la mort pour moteur !
» La cécité tournant sans but sur elle-même,
» Engendre la lumière, imposture suprême ;
» L'être, inutilement s'élève et se détruit ;
» Le monde croule au gré d'une haleine de nuit ;
» Le vent est l'enveloppe obscure de la brume ;
» Pour s'éteindre à jamais un instant on s'allume ;
» Tout est l'horrible roue et rien le cabestan !...
» Rien ! — Oh ! reprends ce rien, gouffre, et rends nous Satan ! »

⁂

Maintenant que Paris, ses pavés et ses marbres,
Et sa brume et ses toits sont bien loin de mes yeux ;
Maintenant que je suis sous les branches des arbres,
Et que je puis songer à la beauté des cieux ;

Maintenant que du deuil qui m'a fait l'âme obscure
   Je sors pâle et vainqueur,
Et que je sens la paix de la grande nature
   Qui m'entre dans le cœur !

Maintenant que je puis, assis au bord des ondes,
Emu par ce superbe et tranquille horizon,
Examiner en moi les vérités profondes
Et regarder les fleurs qui sont dans le gazon ;

Maintenant, ô mon Dieu, que j'ai ce calme sombre
   De pouvoir désormais
Voir de mes yeux la pierre où je sais que dans l'ombre
   Elle dort pour jamais ;

Maintenant qu'attendri par ces divins spectacles,
Plaines, forêts, rochers, vallons, fleuve argenté,
Voyant ma petitesse et voyant vos miracles,
Je reprends ma raison devant l'immensité ;

Je viens à vous, Seigneur, confessant que vous êtes
Bon, clément, indulgent et doux, ô Dieu vivant !
Je conviens que vous seul savez ce que vous faites,
Et que l'homme n'est rien qu'un jonc qui tremble au vent.

Je dis que le tombeau qui sur les morts se ferme
        Ouvre le firmament ;
Et que ce qu'ici-bas nous prenons pour le terme
        Est le commencement ;

Je conviens à genoux que vous seul, Père auguste,
Possédez l'infini, le réel, l'absolu ;
Je conviens qu'il est bon, je conviens qu'il est juste,
Que mon cœur ait saigné puisque Dieu l'a voulu.

(A Villequier. — Contemplations)

◆

Ce n'est point vers la nuit que je crie en avant,

. . . .

Mourir n'est pas finir, c'est le matin suprême :
Non ! je ne donne pas à la mort ceux que j'aime !
Je les garde, je veux le firmament pour eux,
Pour moi, pour tous, et l'aube attend les ténébreux ;
L'amour en nous, passants qu'un rayon lointain dore,
Est le commencement auguste de l'aurore ;
Mon cœur, s'il n'a ce jour divin, se sent banni,
Et pour avoir le temps d'aimer, veut l'infini ;
Car la vie est passée avant qu'on ait pu vivre.
C'est l'azur qui me plait, c'est l'azur qui m'enivre,
L'azur sans nuit, sans mort, sans noirceur, sans défaut ;
C'est l'empyrée immense et profond qu'il me faut,
La terre n'offrant rien de ce que je réclame,
L'heure humaine étant courte et sombre, et, pour une âme
Qui vous aime, parents, enfants, toi ma beauté,
Le ciel ayant à peine assez d'éternité !

(Légende des Siècles.)

◆

Ceux qui restent à ceux qui passent
Disent : — Infortunés ! déjà vos fronts s'effacent.
Quoi ! vous n'entendez plus la parole et le bruit !
Quoi ! vous ne verrez plus ni le ciel ni les arbres !
Vous allez dormir sous les marbres !
Vous allez tomber dans la nuit !

Ceux qui passent à ceux qui restent
Disent : — Vous n'avez rien à vous ! vos pleurs l'attestent !
Pour vous, gloire et bonheur sont des mots décevants ;
Dieu donne aux morts les biens réels, les vrais royaumes,
Vivants ! Vous êtes des fantômes,
C'est nous qui sommes les vivants !

(Quia pulvis es. — Contemplations.)

❖

Nous trouvons dans la *Revue spirite* du 15 août, un extrait qu'elle a emprunté à un discours prononcé par M. le sénateur Dide au *Cercle parisien pour la propagande de l'instruction :*

« Victor Hugo .. dans son salon était d'ordinaire assez taciturne : ceux qui sont allés quelquefois en pélerinage, soit rue de Clichy, soit avenue d'Eylau, ceux-là savent qu'on le trouvait isolé. Le moyen de le faire causer, c'était de lui parler de la mort : alors son œil prenait un éclat singulier : c'était l'œil du vieillard dans lequel il y a de la lumière. Il parlait de la mort, il parlait de l'infini, il parlait de la résurrection avec une sorte d'enthousiasme de l'immortalité. Et ces idées le pénétraient tellement qu'elles ont donné lieu à un épisode presque tragique de son agonie. Le fait n'a pas été publié et je vous le livre. Au moment de sa mort, on le vit se dresser sur son lit ; il y avait là, à côté de lui, Mme Lockroy et sa petite fille. Il se drapa dans son linceul, et il dit à la jeune femme et à l'enfant : « C'est un mort qui vous parle ; je reviens de la tombe pour vous amener la bonne nouvelle ! » Et il retomba foudroyé sur son lit. »

LA BIBLE

—

Lorsqu'on lit l'œuvre de Victor Hugo, on est frappé par le grand nombre des citations et des images empruntées à la Bible. Le grand poète qui tout enfant a copié un Evangile chez la « mère Larivière » et qui a lu la Bible, avec ses deux frères aux Feuillantines, traçait, en 1826, dans la préface des Odes et Ballades, ce programme qu'il n'a jamais perdu de vue dans le cours de sa longue carrière :

« De tous les livres qui circulent entre les mains des hommes, deux seuls doivent être étudiés par le poète, Homère et la Bible. C'est que ces deux livres vénérables, les premiers de tous par leur date et par leur valeur, presque aussi anciens que le monde, sont eux-mêmes deux mondes par la pensée. On y retrouve, en quelque sorte, la création tout entière considérée sous son double aspect, dans Homère par le génie de l'homme ; dans la Bible par l'esprit de Dieu. »

Mes deux frères et moi, nous étions tout enfants.
Notre mère disait : « Jouez, mais je défends
Qu'on marche dans les fleurs et qu'on monte aux échelles. »

Abel était l'aîné ; j'étais le plus petit,
Nous mangions notre pain de si bon appétit.
Que les femmes riaient quand nous passions près d'elles.

Nous montions pour jouer au grenier du couvent.
Et là, tout en jouant, nous regardions souvent
Sur le haut d'une armoire, un livre inaccessible.

Nous grimpâmes un jour jusqu'à ce livre noir :
Je ne sais pas comment nous fîmes pour l'avoir,
Mais je me souviens bien que c'était une Bible.

Ce vieux livre sentait une odeur d'encensoir.
Nous allâmes ravis dans un coin nous asseoir :
Des estampes partout ! Quel bonheur ! Quel délire

Nous l'ouvrîmes alors tout grand sur nos genoux,
Et dès le premier mot il nous parut si doux,
Qu'oubliant de jouer, nous nous mîmes à lire.

Nous lûmes tous les trois ainsi tout le matin,
Joseph, Ruth et Booz, le bon Samaritain,
Et, toujours plus charmés, le soir nous le relûmes.

Tels des enfants, s'ils ont pris un oiseau des cieux,
S'appellent en riant et s'étonnant, joyeux
De sentir dans leurs mains la douceur de ses plumes.

(Aux Feuillantines. — Contemplations.)

Victor Hugo voulait que les enfants, qu'il a tendrement aimés, fussent instruits dans les vérités religieuses.

Depuis 1850 on a discuté et résolu la question de l'enseignement religieux dans l'école ; mais on n'a pas amoindri sa portée qui demeure immense.

Ecoutons l'orateur spiritualiste :

« L'enseignement religieux est, selon moi, plus nécessaire aujourd'hui qu'il n'a jamais été. Plus l'homme grandit, plus il doit croire. Il y a un malheur dans notre temps, je dirai presque, il n'y a qu'un malheur ; c'est une tendance à tout mettre dans cette vie !...

« En donnant à l'homme pour fin et pour but la vie terrestre, la vie matérielle, on aggrave toutes les misères ; par la négation qui est au bout, on ajoute à l'accablement des malheureux le poids insupportable du néant, et de ce qui n'est que la souffrance, c'est-à-dire une loi de Dieu, on fait le désespoir. De là de profondes convulsions sociales. Certes, je désire améliorer dans cette vie le sort matériel de ceux qui souffrent ; mais je n'oublie pas que la première des améliorations, c'est de leur donner l'espérance. Combien s'amoindrissent de misères bornées, limitées, finies après tout, quand il s'y mêle une espérance infinie !

« Notre devoir à tous, c'est sans doute de chercher à diminuer la misère, mais c'est aussi de faire lever toutes les têtes vers le ciel, c'est de diriger toutes les âmes, c'est de tourner toutes les attentes vers une vie ultérieure où justice sera faite et où justice sera rendue...

La loi du monde moral, c'est l'équité. Dieu se trouve à la fin de tout. Ne l'oublions pas et enseignons-le à tous : il n'y aurait aucune dignité à vivre, et cela n'en vaudrait nullement la peine, si nous devions mourir tout entiers.

« Ce qui allège la souffrance, ce qui sanctifie le travail, ce qui fait l'homme bon, fort, sage, patient, bienveillant, juste, à la fois humble et grand, digne de l'intelligence, digne de la li berté, c'est d'avoir devant soi la perpétuelle vision d'un monde meilleur, rayonnant à travers les ténèbres de cette vie.

« Quant à moi j'y crois profondément, à ce monde meilleur, et je le déclare ici, c'est la suprême certitude de ma raison, c'est la suprême joie de mon âme.

« Je veux donc sincèrement, je dis plus, je veux ardemment l'enseignement religieux. »

(Discours politiques.)

⚫

« Quand la France saura lire, ne laissez pas sans direction cette intelligence que vous aurez développée. Ce serait un autre désordre. L'ignorance vaut encore mieux que la mauvaise science. Non. Souvenez-vous qu'il y a un livre plus philoso-phique que le *Compère Mathieu*, plus populaire que le *Consti-tutionnel*, plus éternel que la charte de 1830; c'est l'Écriture sainte. Et ici un mot d'explication.

» Quoi que vous fassiez, le sort de la grande foule, de la multitude, de la *majorité*, sera toujours relativement pauvre, et malheureux, et triste. A elle le dur travail, les fardeaux à pousser, les fardeaux à traîner, les fardeaux à porter.

» Examinez cette balance : toutes les jouissances dans le plateau du riche, toutes les misères dans le plateau du pauvre. Les deux parts ne sont-elles pas inégales? La balance ne doit-elle pas nécessairement pencher, et l'État avec elle ?

» Et maintenant dans le lot du pauvre, dans le plateau des misères, jetez la certitude d'un avenir céleste, jetez l'aspira-tion au bonheur éternel, jetez le paradis, contre-poids magni-fique ! Vous rétablissez l'équilibre. La part du pauvre est aussi riche que la part du riche.

» C'est ce que savait Jésus, qui en savait plus long que Voltaire.

» Donnez au peuple qui travaille et qui souffre, donnez au peuple pour qui ce monde-ci est mauvais, la croyance à un meilleur monde fait pour lui.

» Il sera tranquille, il sera patient. La patience est faite d'espérance.

» Donc ensemencez les villages d'évangiles.

» Une Bible par cabane, que chaque livre et chaque champ produisent à eux deux un travailleur moral.

» La tête de l'homme du peuple, voilà la question. Cette tête est pleine de germes utiles. Employez pour la faire mûrir et venir à bien ce qu'il y a de plus lumineux et de mieux tempéré dans la vertu.

» Tel a assassiné sur les grandes routes qui, mieux dirigé, eût été le plus excellent serviteur de la cité.

» Cette tête de l'homme du peuple, cultivez-la, défrichez-la, arrosez-la, fécondez-la, éclairez-la, moralisez-la, utilisez-la ; vous n'aurez pas besoin de la couper. »

(Claude Gueux.)

LA COMPASSION

Après avoir montré le croyant ferme qui n'a jamais varié, il serait intéressant de montrer l'homme dont l'âme est ouverte à tout ce qui est grand, noble et généreux et dont le cœur compatissant s'apitoie sur le sort de tous ceux qui souffrent, qu'ils soient peuples ou individus, en sorte qu'on peut lui appliquer la belle parole de Térence :

« Je suis homme et rien de ce qui est humain ne m'est étranger. »

« Victor Hugo, dit un jeune critique, a été l'écho de nos amours, de nos douleurs, l'écho de nos cris de révolte ou de joie. »

Le positivisme savant ou le froid matérialisme auraient-ils pu faire vibrer ainsi une âme, incertaine du reste pour le premier et n'existant pas pour le second ?

Victor Hugo a été vraiment un grand et puissant écrivain, parce qu'il a cru en Dieu et à la destinée supérieure de l'homme. De là aussi sa prédilection pour tous les déshérités qui ont aussi des droits bien justifiés à cet avenir éternel que Dieu donne à ceux qui le veulent réellement.

. . . .

O vivants, soyez bons, priez, faites l'aumône.
A qui l'aumône? A tous. Souvenez-vous qu'ici
La compassion sainte est une aumône aussi,
Et que la charité qui nourrit et désarme,
Tombe des mains obole et tombe du cœur larme !

(La Pitié suprême.)

∻

. . . .

Oh! soyez bons surtout pour les cruels. C'est triste
Que la bonté, si belle alors qu'elle persiste,
Vis-à-vis des méchants soit si prompte à l'oubli !
Le méchant, c'est le cœur d'amertume rempli.
Vous cherchez les souffrants; il est le véritable.
Oh! le cri de cette âme est le plus lamentable.
Etre le guérisseur, le bon Samaritain
Des monstres, ces martyrs ténébreux du destin,
Leur panser leur puissance et leur laver leur crime,
Entre les devoirs saints c'est le devoir sublime.
Est-il donc impossible, ô Dieu, de secourir,
D'assoupir, de calmer, d'aider, de faire ouvrir
A la sainte pitié ses ailes toutes grandes ?
Homme, on t'a fait du mal; ce qu'il faut que tu rendes,
C'est le bien ; vis, réponds à la haine en aimant...

(Id.)

∻

Oh! vivons ! disent-ils dans leur enivrement.
Voyez la longue table et le festin charmant
    Qui rayonne dans nos demeures !
Nous semons tous nos biens n'importe à quels sillons !
Riches, nous dépensons, nous perdons, nous pillons
    Nos onces d'or; jeunes, nos heures.

. . . .

. . . .

Le sage cependant, qui songe à leur destin,
Ramasse tristement les miettes du festin,

Tandis que l'un l'autre ils s'enchantent ;
Puis il donne ce pain aux pauvres oubliés,
Aux mendiants rêveurs, en leur disant : — Priez,
Priez pour ces hommes qui chantent.

(*Les Voix Intérieures.*)

❖

UN GRENIER

L'hiver. Un grabat

UN PAUVRE. Sa famille près de lui

LE PAUVRE

Je ne crois pas en Dieu.

LE PAPE, entrant (*Ce pape agit en rêve*)

Tu dois avoir faim. Mange.

Il partage son pain et en donne la moitié au pauvre

LE PAUVRE

Et mon enfant ?

LE PAPE

Prends tout.

Il donne à l'enfant le reste de son pain

L'ENFANT, mangeant

C'est bon.

LE PAPE, au pauvre

L'enfant, c'est l'ange.
Laisse-moi le bénir.

LE PAUVRE

Fais ce que tu voudras.

LE PAPE, vidant une bourse sur le grabat

Tiens, voici de l'argent pour t'acheter des draps.

LE PAUVRE

Et du bois.

LE PAPE

Et de quoi vêtir l'enfant, la mère,
Et toi mon frère. Hélas ! cette vie est amère,
Je te procurerai du travail. Ces grands froids
Sont durs. Et maintenant parlons de Dieu.

LE PAUVRE

(*Le Pape*.)   J'y crois.

-◈-

Mes amis, qui veut la joie ?
Moi,toi,vous, Eh bien,donnons tous.
Donnons aux pauvres à genoux :
Le soir, de peur qu'on nous voie.

Le pauvre, en pleurs sur le chemin,
Nu sur son grabat misérable,
Affamé, tremblant, incurable,
Est l'essayeur du cœur humain.

Qui le repousse en est plus morne ;
Qui l'assiste s'en va content.
Ce vieux homme humble et grelottant
Ce spectre du coin de la borne,

Cet infirme aux pas alourdis,
Peut faire, en notre âme troublée,
Descendre la joie étoilée
Des profondeurs du paradis.

. . . .

(*Enveloppe d'une pièce de monnaie dans une quête
faite par Jeanne. — L'Art d'être grand-père.*)

-◈-

Victor Hugo avait été intéressé par l'attitude de
Barbès, traduit devant la Chambre des pairs, après la
tentative du 12 mai 1839. M. de Saint-Priest lui
apprend au théâtre la nouvelle de la condamnation à
mort.

— Barbès est condamné. Et il sera probablement exécuté, car les ministres y tiennent.

— Quand?

— Probablement demain matin.

Victor Hugo monte à la régie du théâtre et prenant une feuille dans un buvard, trace ces quelques mots :

Par votre ange envolée ainsi qu'une colombe !
Par le royal enfant, doux et frêle roseau !
Grâce encore une fois ! Grâce au nom de la tombe !
Grâce au nom du berceau !

Il mit ces vers dans une enveloppe grise et alla aux Tuileries où sa lettre fut remise au roi. Le lendemain Louis-Philippe envoya ces lignes au poète :

» La grâce est accordée, il ne me reste plus qu'à l'obtenir. »

Les ministres y furent pour leurs frais d'insistance.

⋅◆⋅

Sur le pont des Arts qui mène à l'Académie se tenaient autrefois quantité d'aveugles. Un jour un de ces aveugles, vieux soldat, guidé par une petite fille, saisit Victor Hugo par sa redingotte et l'arrêta au passage.

— Que voulez-vous, mon brave homme? Je vous ai donné deux sous.

— Oui, monsieur, et je vous ai remercié; c'est que je voudrais autre chose.

— Quoi donc ?

— Des vers.

— Vous les aurez, fit Victor Hugo.

Le lendemain l'aveugle tenait une pancarte sur laquelle on lisait ce quatrain :

Aveugle comme Homère et comme Bélisaire,
N'ayant rien qu'un enfant pour guide et pour appui,
La main qui donnera du pain à sa misère
Il ne la verra pas, mais Dieu la voit pour lui.

(Annales.)

⋅◆⋅

Je rêve l'équité, la vérité profonde,
L'amour qui veut l'espoir qui luit, la foi qui fonde,
Et le peuple éclairé plutôt que châtié.
Je rêve la douceur, la bonté, la piété
    Et le vaste pardon...

        (*Fraternité — Art d'être grand-père.*)

Voici les derniers vers de Victor Hugo. Ils furent détachés de la pièce : *Les Malheureux, des Contemplations*, et donnés par le grand poète à *Biarritz-Album*, un recueil publié au bénéfice des victimes des tremblements de terre d'Espagne :

Pour qui donc, si le sort, ô Dieu, n'est pas moqueur
Toute cette pitié que tu m'as mise au cœur?
Qu'en dois-je faire? A qui faut-il que je la garde?
Où sont les malheureux ? — Et Dieu m'a dit : « Regarde. »

LA FAMILLE

N'est-ce pas de l'œuvre de Victor Hugo qu'on a extrait ce bijou : *Le Livre des Mères ?*

Le grand poète qui avait compris toutes les vraies grandeurs ne pouvait pas négliger la famille. Le père, la mère, l'aïeul, dont il a été le vrai type, les enfants, oh! surtout les enfants, comme il les a décrits avec amour.

Aime celui qui t'aime, et sois heureuse en lui.
— Adieu ! — sois son trésor comme tu fus le nôtre !
Va, mon enfant béni, d'une famille à l'autre !
Emporte le bonheur et laisse-nous l'ennui.
Ici l'on te retient, là-bas on te désire.
Fille, épouse, ange, enfant, fais ton double devoir,
Donne-nous un regret, donne-leur un espoir
Sors avec une larme, entre avec un sourire.

        (*Dans l'Eglise, 15 février 1843*)

Charle ! Charles ! ô mon fils ! quoi donc ! tu m'as quitté.
   Ah ! tout fuit ! rien ne dure !
Tu t'es évanoui dans la grande clarté
   Qui pour nous est obscure...

       (*Le Deuil. — L'Année terrible*).

       ·◆·

. . . .

Les morts sont des vivants mêlés à nos combats
Ayant tantôt le bien, tantôt le mal pour cibles ;
Parfois on sent passer leur flèches invisibles.
Nous les croyons absents, ils sont présents ; on sort
De la terre, des jours, des pleurs, mais non du sort ;
C'est un prolongement sublime que la tombe.
On y monte étonné d'avoir cru qu'on y tombe.
Comme dans plus d'azur l'hirondelle émigrant,
On entre plus heureux dans un devoir plus grand ;
On voit l'utile avec le juste parallèle ;
Et l'on a de moins l'ombre et l'on a de plus l'aile.
O mon fils béni, sers la France, du milieu
De ce gouffre d'amour que nous appelons Dieu ;
Ce n'est pas pour dormir qu'on meurt, non, c'est pour faire
De plus haut ce que fait en bas notre humble sphère ;
C'est pour le faire mieux, c'est pour le faire bien ;
Nous n'avons que le but, le ciel a le moyen.
La mort est un passage où pour grandir tout change ;
Qui fut sur terre athlète est dans l'abime archange ;
Sur terre on est borné, sur terre on est banni,
Mais là-haut nous croissons sans gêner l'infini ;
L'âme y peut déployer sa subite envergure ;
C'est en perdant son corps qu'on reprend sa figure.
Va donc mon fils ! va donc, esprit, deviens flambeau.
Rayonne. Entre en planant dans l'immense tombeau.
Sers la France. Car Dieu met en elle un mystère,
Car tu sais maintenant ce qu'ignore la terre ;
Car la vérité brille où l'éternité luit,
Car tu vois la lumière et nous voyons la nuit.

       (*18 mars. — l'Année Terrible.*)

       ·◆·

. . . .

Aujourd'hui, moi qui fus faible comme une mère.
Je me courbe à vos pieds devant vos cieux ouverts.
Je me sens éclairé dans ma douleur amère
Par un meilleur regard jeté sur l'univers.

Seigneur, je reconnais que l'homme est en délire
       S'il ose murmurer ;
Je cesse d'accuser, je cesse de maudire,
       Mais laissez-moi pleurer !

Hélas ! laissez les pleurs couler de ma paupière,
Puisque vous avez fait les hommes pour cela !
Laissez-moi me pencher sur cette froide pierre
Et dire à mon enfant : Sens-tu que je suis là ?

Laissez-moi lui parler, incliné sur ses restes,
       Le soir, quand tout se tait,
Comme si dans la nuit, rouvrant ses yeux célestes,
       Cet ange m'écoutait !

Hélas vers le passé tournant un œil d'envie,
Sans que rien ici-bas puisse m'en consoler,
Je regarde toujours ce moment de ma vie
Où je l'ai vu ouvrir son aile et s'envoler.

Je verrai cet instant jusqu'à ce que je meure,
       L'instant, pleurs superflus !
Où je criai : L'enfant que j'avais tout à l'heure
       Quoi donc ! je ne l'ai plus !...

            (*A Villequier. — Contemplations.*)

❖

Lorsque l'enfant paraît, le cercle de famille
Applaudit à grands cris ; son doux regard qui brille
       Fait briller tous les yeux,
Et les plus tristes fronts, les plus souillés peut-être,
Se dérident soudain à voir l'enfant paraître,
       Innocent et joyeux.

. . . .

Il est si beau l'enfant avec son doux sourire
Sa douce bonne foi, sa voix qui veut tout dire
      Ses pleurs vite apaisés,
Laissant errer sa vue étonnée et ravie,
Offrant de toutes parts sa jeune âme à la vie
      Et sa bouche aux baisers !

Seigneur ! préservez-moi, préservez ceux que j'aime,
Frères, parents, amis et mes ennemis même
      Dans le mal triomphants.
De jamais voir, Seigneur, l'été sans fleurs vermeilles
La cage sans oiseaux, la ruche sans abeilles,
      La maison sans enfants !...

(Feuilles d'Automne.)

Je prendrai par la main les deux petits enfants ;
J'aime les bois où sont les chevreuils et les faons,
Où les cerfs tachetés suivent les biches blanches
Et se dressent dans l'ombre, effrayés par les branches,
Car les fauves sont pleins d'une telle vapeur
Que le frais tremblement des feuilles leur fait peur.
Les arbres ont cela de profond qu'ils vous montrent
Que l'Eden seul est vrai, que les cœurs s'y rencontrent,
Et que hors les amours et les nids tout est vain.
Théocrite souvent, dans le hallier voisin,
Crut entendre marcher doucement la ménade.
C'est là que je ferai ma lente promenade
Avec les deux marmots. J'entendrai tour à tour
Ce que Georges conseille à Jeanne, doux amour,
Et ce que Jeanne enseigne à Georges. En patriarche
Que mènent les enfants, je règlerai ma marche
Sur le temps que prendront leurs jeux et leurs repas,
Et sur la petitesse aimable de leurs pas.
Ils cueilleront les fleurs, ils mangeront les mûres,
O vaste apaisement des forêts ! ô murmures !
Avril vient calmer tout, venant tout embaumer.
Je n'ai point d'autre affaire ici-bas que d'aimer.

(L'art d'être grand-père.)

Jeanne était au pain sec dans le cabinet noir,
Pour un crime quelconque, et, manquant au devoir,
J'allai voir la proscrite en pleine forfaiture,
Et lui glissai dans l'ombre un pot de confiture,

Contraire aux lois. Tous ceux sur qui, dans ma cité,
Repose le salut de la société,
S'indignèrent, et Jeanne a dit d'une voix douce :
— Je ne toucherai plus mon nez avec mon pouce ;
Je ne me ferai plus griffer par le minet.
Mais on s'est écrié : — Cette enfant vous connaît ;
Et sait à quel point vous êtes faible et lâche.
Elle vous voit toujours rire quand on se fâche,
Pas de gouvernement possible. A chaque instant
L'ordre est troublé par vous; le pouvoir se détend ;
Plus de zèle. L'enfant n'a plus rien qui l'arrête.
Vous démolissez tout. — Et j'ai baissé la tête,
Et j'ai dit : — Je n'ai rien à répondre à cela,
J'ai tort. Oui, c'est avec ces indulgences-là
Qu'on a toujours conduit les peuples à leur perte.
Qu'on me mette au pain sec. — Vous le méritez, certe,
On vous y mettra. — Jeanne alors, dans son coin noir,
M'a dit tout bas, levant ses yeux si beaux à voir,
Pleins de l'autorité des douces créatures :
— Eh bien, moi, je t'irai porter des confitures.

(Id.)

LA PATRIE

—

La patrie ! qui l'a aimée d'un amour plus grand,
plus désintéressé, plus religieux ?

Lorsqu'on aura mis de côté certaines exagérations
provoquées par un entourage et par des manifestations
qui, tout en dépassant la mesure, disent cependant la
place qu'occupait en France ce noble vieillard — et ce
triage se fera sans conteste — il restera des pages qui
feront vibrer le cœur de tous ceux qui ont à cœur la
grandeur et la prospérité de leur pays.

Voici son idéal de la République. Quand le verrons-
nous se réaliser ?

« Nous aurons une République, et, quand elle viendra, elle
sera bonne. Mais ne cueillons pas en mai le fruit qui ne sera
mûr qu'en août. Sachons attendre. La République proclamée
par la France en Europe, ce sera la couronne de nos cheveux
blancs... Mais il ne faut pas souffrir que des goujats barbouil-

lent de rouge notre drapeau... Ces gens font reculer l'Idée
politique qui avancerait sans eux. Ils font de la République
un épouvantail. 93 est un triste asticot. Parlons un peu moins
de Robespierre et un peu plus de Washington. »

(Lettre à Sainte-Beuve.)

Lorsque les malheurs de la Patrie semblent irré-
médiables, le poète navré s'écrie :

O genre humain, malgré tant d'âges révolus
Ta vieille loi de haine est toujours la plus forte ;
L'Evangile est toujours la grande charte morte.
Le jour fuit, la paix saigne et l'amour est proscrit
Et l'on n'a pas encore décloué Jésus-Christ.

Après l'étranger viennent les « goujats » avec le
hideux drapeau rouge.

Coup sur coup, deuil sur deuil. Ah ! l'épreuve redouble !
Soit. Cet homme pensif l'acceptera sans trouble.

. . . .

Sa conscience est fixe et rien n'y bougera
Car, quel que soit le vent qui souffle sur leur flamme,
Les principes profonds ne tremblent pas dans l'âme ;
Car c'est dans l'infini que leur feu calme luit ;
Car l'ouragan sinistre acharné sur la nuit
Peut secouer là-haut l'ombre et ses sombres toiles
Sans faire dans leurs plis remuer les étoiles.

(L'Année Terrible — 18 mars)

Quand la cohue inepte, insensée et féroce
Etouffe sous ses flots, d'un vent sauvage issus,
L'honneur dans Coligny, la raison dans Ramus.

. . . .

C'est la foule, et cela me heurte et me déplait ;
C'est l'élément aveugle et confus, c'est le nombre ;
C'est la sombre faiblesse et c'est la force sombre.
Et que de cette tourbe il nous vienne demain
L'ordre de recevoir un maître de sa main,
De souffler sur notre âme et d'entrer dans la honte
Est-ce que vous croyez que nous en tiendrons compte ?
Certes nous vénérons Sparte, Athènes, Paris,
Et tous ces grands forums d'où partent les grands cris ;
Mais nous plaçons plus haut la conscience auguste,
Un monde, s'il a tort, ne pèse pas un juste.

(L'Année Terrible.)

Notons en passant un sentiment profondément humain qui pousse le poète à s'humilier sous le coup de l'épreuve et à reconnaître l'infirmité humaine :

... Est-on sûr d'avoir fait, ne fût-ce qu'à demi,
      Le bien qu'on pouvait faire ?
A-t-on dompté la haine, et de son ennemi,
      A-t-on été le frère ?

Même celui qui fit de son mieux a mal fait.
      Le remords suit nos fêtes.
Je sais que, si mon cœur quelquefois triomphait,
      Ce fut dans mes défaites.

En me voyant vaincu je me sentais grandi.
      La douleur nous rassure,
Car à faire saigner je ne suis pas hardi.
      J'aime mieux ma blessure.

. . . .

(Id.)

... Ah ! je voudrais,
Je voudrais n'être pas Français pour pouvoir dire
Que je te choisis, France, et que dans ton martyre
Je te proclame, toi que ronge le vautour,
Ma patrie et ma gloire et mon unique amour.

(Décembre 1870. — L'Année Terrible.)

VIVRE, C'EST AGIR & CROIRE

Assez de nuit et de tempête
A passé sur vos fronts penchés.
Levez les yeux ! Levez la tête !
La lumière est *là haut !* Marchez !

(Les Rayons et les Ombres.)

Ceux qui vivent, ce sont ceux qui luttent ; ce sont
Ceux dont un dessein ferme emplit l'âme et le front,
Ceux qui d'un haut destin gravissent l'âpre cîme,
Ceux qui marchent pensifs, épris d'un but sublime,
Ayant devant les yeux sans cesse, nuit et jour,
Ou quelque saint labeur ou quelque grand amour...
Ceux-là vivent, Seigneur ! les autres, je les plains,
Car de son vague ennui le néant les enivre,
Car le plus lourd fardeau, c'est d'exister sans vivre.
Inutiles, épars, ils traînent ici-bas
Le sombre accablement d'être en ne pensant pas.
Ils s'appellent *vulgus, plebs,* la tourbe, la foule ;
Ils sont ce qui murmure, applaudit, siffle, coule,
Bat des mains, foule aux pieds, bâille, dit oui, dit non,
N'a jamais de figure et n'a jamais de nom ;
Troupeau qui va, revient, juge, absout, délibère,
Détruit, prêt à Marat comme prêt à Tibère,
Foule triste, joyeuse, habits dorés, bras nus,
Pêle-mêle, et poussée aux gouffres inconnus.
Ils sont les passants froids, sans but, sans nœuds, sans âge,
Le ban du genre humain qui s'écroule en nuage,
Ceux qu'on ne connaît pas, ceux qu'on ne compte pas,
Ceux qui perdent les mots, les volontés, les pas.
L'ombre obscure autour d'eux se prolonge et recule ;
Ils n'ont du plein midi qu'un lointain crépuscule,
Car, jetant au hasard les cris, les voix, le bruit,
Ils errent près du bord sinistre de la nuit.

(Les Châtiments.)

Terre et cieux ! si le mal régnait, si tout n'était
Qu'un dur labeur, suivi d'un infâme protêt,
Si le passé devait revenir, si l'eau noire
Vomie était rendue à l'homme pour la boire,
Si la nuit pouvait faire un affront à l'azur,
Si rien n'était fidèle, et si rien n'était sûr,
Dieu devrait se cacher de honte ; la nature
Ne serait qu'une lâche et lugubre imposture,
Les constellations resplendiraient en vain !
Que l'empyrée abrite un scélérat divin,
Que derrière le voile étoilé de l'abîme,
Il se cache quelqu'un qui prémédite un crime.
Que l'homme donnant tout, ses jours, ses plaies, son sang,
Soit l'auguste jouet d'un lâche Tout-Puissant,
Que l'avenir soit fait de méchanceté noire,
C'est ce que, pour ma part, je refuse de croire.
Non, ce ne serait pas la peine que les vents
Ramassassent le flot orageux des vivants,
Que le matin sortît des mers, semant des pluies
De diamants aux fleurs vaguement éblouies,
Et que l'oiseau chantât, et que le monde fût,
Si le destin n'était qu'un chasseur à l'affût,
Si tout l'effort de l'homme enfantait la chimère,
Si l'ombre était sa fille et la cendre sa mère,
S'il ramait nuit et jour, voulant, saignant, créant,
Pour une épouvantable arrivée au néant !
Non, je ne consens pas à cette banqueroute.
Zéro somme de tout ! Rien au bout de la route !
Non, l'Infini n'est point capable de cela.
Quoi, pour berceau Charybde et pour tombeau Scylla !
Non, Paris, grand lutteur, France, grande vedette,
En faisant ton devoir, tu fais à Dieu sa dette,
Debout ! Combats !...
        Je sais que Dieu semble incertain
Vu par la claire-voie affreuse du destin. .
Ce Dieu, je le redis, a souvent dans les âges
Subi le hochement de tête des vieux sages
Je sais que l'Inconnu ne répond à l'appel
Ni du calcul morose et lourd, ni du scalpel ;
Soit. Mais j'ai la foi. La foi c'est la lumière haute,
Ma conscience en moi, c'est Dieu que j'ai pour hôte.
Je puis, par un faux cercle, avec un faux compas,
Le mettre hors du ciel ; mais hors de moi non pas.
Il est mon gouvernail dans l'écume où je vogue.
Si j'écoute mon cœur, j'entends un dialogue.
Nous sommes deux au fond de mon esprit, Lui, moi.
Il est mon seul espoir et mon unique effroi.
Si par hasard je rêve une faute que j'aime,
Un profond grondement s'élève dans moi-même ;

Je dis : Qui donc est là? L'on me parle? Pourquoi?
Et mon âme en tremblant me dit : C'est Dieu. Tais-toi.

. . . .

(Année Terrible.)

⋅◈⋅

... Et je vais devant moi, sachant que rien ne ment,
Sûr de l'honnêteté du profond firmament!
Et je crie : Espérez! à quiconque aime et pense ;
Et j'affirme que l'être inconnu qui dépense,
Sans compter, les splendeurs, les fleurs, les univers,
Et, comme s'il vidait des sacs toujours ouverts,
Les astres, les saisons, les vents, et qui prodigue
Aux monts perçants la nue, aux mers rongeant la digue,
Sans relâche, l'azur, l'éclair, le jour, le ciel;
Que celui qui répand un flot torrentiel
De lumière, de vie et d'amour dans l'espace,
J'affirme que celui qui ne meurt ni ne passe,

. . . .

Qui donne la beauté pour forme à l'absolu,
Réel malgré le doute et vrai malgré la fable,
L'Eternel, l'Infini, Dieu, n'est pas insolvable.

(Id.)

⋅◈⋅

La vie, du reste, est sérieuse et si l'on vit mal il y a ici le châtiment immédiat qui peut se cacher sous une apparente prospérité. Le supplice de Caïn n'atteint pas seulement les meurtriers.

Terminons nos citations par *La Conscience*, pièce d'une beauté supérieure :

Lorsque avec ses enfants vêtus de peaux de bêtes,
Echevelé, livide au milieu des tempêtes,
Caïn se fut enfui de devant Jéhovah,
Comme le soir tombait, l'homme sombre arriva
Au bas d'une montagne, en une grande plaine;
Sa femme fatiguée et ses fils hors d'haleine
Lui dirent : — Couchons-nous sur la terre, et dormons. —
Caïn, ne dormant pas, songeait au pied des monts.

Ayant levé la tête, au fond des cieux funèbres
Il vit un œil, tout grand ouvert dans les ténèbres,
Et qui le regardait dans l'ombre fixement.
— Je suis trop près, dit-il avec un tremblement.
Il réveilla ses fils dormant, sa femme lasse,
Et se remit à fuir, sinistre dans l'espace.
Il marcha trente jours, il marcha trente nuits.
Il allait, muet, pâle et frémissant aux bruits,
Furtif, sans regarder derrière lui, sans trève,
Sans repos, sans sommeil. Il atteignit la grève
Des mers, dans le pays qui fut depuis Assur.
— Arrêtons-nous, dit-il, car cet asile est sûr.
Restons-y. Nous avons du monde atteint les bornes. —
Et, comme il s'asseyait, il vit dans les cieux mornes
L'œil à la même place au fond de l'horizon.
Alors il tressaillit, en proie au noir frisson.
— Cachez-moi ! cria-t-il ; et, le doigt sur la bouche,
Tous ses fils regardaient trembler l'aïeul farouche.
Caïn dit à Jabel, père de ceux qui vont
Sous des tentes de poil dans le désert profond :
— Etends de ce côté la toile de la tente. —
Et l'on développa la muraille flottante ;
Et quand on l'eut fixée avec des poids de plomb.
— Vous ne voyez plus rien ? dit Tsilla, l'enfant blond,
La fille de ses fils, douce comme l'aurore ;
Et Caïn répondit : — Je vois cet œil encore ! —
Jubal, père de ceux qui passent dans les bourgs,
Soufflant dans des clairons et frappant des tambours,
Cria : — Je saurai bien construire une barrière. —
Il fit un mur de bronze et mit Caïn derrière.
Et Caïn dit : — Cet œil me regarde toujours !
Hénoch dit : — Il faut faire une enceinte de tours
Si terrible, que rien ne puisse approcher d'elle.
Bâtissons une ville avec sa citadelle.
Bâtissons une ville, et nous la fermerons. —
Alors Tubulcaïn, père des forgerons,
Construisit une ville énorme et surhumaine.
Pendant qu'il travaillait, ses frères, dans la plaine.
Chassaient les fils d'Enos et les enfants de Seth ;
Et l'on crevait les yeux à quiconque passait ;
Et, le soir, on lançait des flèches aux étoiles.
Le granit remplaça la tente aux murs de toile,
On lia chaque bloc avec des nœuds de fer,
Et la ville semblait une ville d'enfer ;
L'ombre des tours faisait la nuit dans les campagnes.
Ils donnèrent aux murs l'épaisseur des montagnes ;
Sur la porte on grava : « Défense à Dieu d'entrer. »
Quand ils eurent fini de clore et de murer,
On mit l'aïeul au centre en une tour de pierre.
Et lui restait lugubre et hagard. — O mon père !

L'œil a-t-il disparu? dit en tremblant Tsilla.
Et Caïn répondit : — Non, il est toujours là.
Alors il dit : — Je veux habiter sous la terre
Comme dans son sépulcre un homme solitaire ;
Rien ne me verra plus, je ne verrai plus rien. —
On fit donc une fosse, et Caïn dit : C'est bien !
Puis il descendit seul sous cette voûte sombre.
Quand il se fut assis sur sa chaise dans l'ombre
Et qu'on eut sur son front fermé le souterrain,
L'œil était dans la tombe et regardait Caïn.

(La Conscience. — La Légende des Siècles.)

CONCLUSION

Nous pourrions multiplier les citations établissant la foi de Victor Hugo en Dieu, à l'âme, à la vie future et à l'accroissement de la Liberté ici-bas par l'activité appuyée sur cette foi inébranlable.

Dieu est, pour Victor Hugo, personnel et vivant, — dit excellement M. Trial, dans une belle étude — il est juste, il punit le mal. Mais il est père, il pardonne et il relève, il donne son esprit à qui le lui demande ; il veut être prié ; il veut exaucer.

Ce sont là des doctrines qui découlent du christianisme, et nous pouvons dire avec Vinet qu'« il y avait dans ce déiste des lignes commencées dont la prolongation eussent fait de lui un chrétien » et avec M. Charles Secrétan, parlant des *Misérables* : « Ce livre est à nous, à nous chrétiens, dans sa pensée essentielle. »

Victor Hugo a écrit dans les *Feuilles d'Automne* cette confession qui a été interprétée diversement et qui cependant ne prête guère à l'équivoque :

Je suis fils de ce siècle ! une erreur chaque année
S'en va de mon esprit, d'elle-même étonnée,
Et, détrompé de tout, mon culte n'est resté
Qu'à vous, sainte patrie et sainte liberté.

Qu'est la patrie terrestre sans le rayonnement de celle qui nous attend après cette vie?

Qu'est la liberté sans Dieu?

Le poète a eu soin de nous le dire dans les fragments cités, et nous n'insisterons pas.

Mais il est un point sur lequel nous voulons attirer l'attention du lecteur.

Victor Hugo est resté en dehors des religions positives et il a montré son intention de les dominer par sa religion à lui en traçant un idéal grandiose (*Le Pape, Religions et Religion* etc.), qui a le défaut d'être trop éloigné de l'homme et à l'usage exclusif des poètes.

Comme on aime mieux le simple et pur Evangile du Christ qui nous parle à tous de la sainteté, de la justice et de l'amour de Dieu et qui nous révèle un sauveur compatissant près de tous ceux qui l'invoquent en esprit et en vérité !

Cependant, — et c'est ici qu'il faut constater la puissance du christianisme,— le poète est dominé par la grande tradition biblique qui lui inspire son œuvre durable et proclame ainsi le règne du Christ qui sauve le pauvre péager humilié et repentant, qui inspire les grands génies et transforme les lois et les mœurs des peuples.

Sans doute telle partie de cette œuvre n'est guère en rapport avec le choix que nous avons fait ; mais cette partie sera à la longue la proie d'une critique sérieuse, et, à côté des beautés de premier ordre, on aura de la peine à classer des « absurdités révoltantes » selon l'expression de M. Schérer, qui n'a pas encore appris à admirer « comme une bête ».

Les athées et les libres-penseurs ne peuvent pas s'appuyer sur l'œuvre durable de Victor Hugo sans trouver la condamnation de leurs tentatives, qui ne sauraient aboutir parce qu'elles ne tiennent pas compte des éléments constitutifs de l'homme et des données de l'histoire.

. . . .

Où tend ce siècle ? où court le troupeau des esprits ?
Rien n'est encore trouvé, rien n'est encore compris ?

Car beaucoup ici bas sentent que l'espoir tombe
Et se brisent la tête à l'angle de la tombe
Comme vous briseriez le soir sur le pavé
Un œuf où rien ne germe, et qu'on n'a pas couvé !
Mal d'un siècle en travail où tout se décompose !
Quel en est le remède et quelle en est la cause ?
Serait-ce que la foi derrière la raison
Décroît comme un soleil qui baisse à l'horizon ?
Que Dieu n'est plus compté dans ce que l'homme fonde?
Et qu'enfin il se fait une nuit trop profonde
Dans ces recoins du cœur, du monde inaperçus,
Que peut seule éclairer votre lampe, ô Jésus !
Est-il temps, matelots, mouillés par la tempête,
De rebâtir l'autel et de courber la tête ?
Devons-nous regretter ces jours anciens et forts
Où les vivants croyaient ce qu'avaient cru les morts ?
Jours de piété grave et de force féconde,
Lorsque la Bible ouverte éblouissait le monde !

Qu'on nous comprenne bien : nous ne sommes pas pour le *statu quo*. Dans tous les domaines il y a des progrès à faire, et dans le domaine religieux plus que partout ailleurs ; mais ici le progrès consiste à remonter aux origines.

Si nous avons regretté que le nom de Dieu ait eu si peu de place aux obsèques du poète, c'est parce qu'il y avait un contraste frappant entre ses affirmations spiritualistes et cette cérémonie qui, avec son éclat ou dépouillée de toute mise en scène, était, après tout, un ensevelissement, marquant la fin d'un homme ici-bas et l'entrée d'une âme dans le monde invisible qui est du domaine de Dieu seul.

Les exécuteurs testamentaires de Victor Hugo et la population parisienne, ont mis l'accent sur la première partie du testament du poète. On ne saurait être aussi affirmatif en ce qui concerne la dernière partie, et cependant c'était la principale.

On a vu, une fois de plus, en ces circonstances, les tendances de notre peuple, qui le poussent à sortir des vieilles institutions ecclésiastiques sans en avoir établi de nouvelles, ce qui n'est pas la suprême sagesse, on en conviendra.

En religion comme en politique, on ne peut, sans

péril, rester sans une base solide et sans règle. Si on ne compte pas avec cette impérieuse nécessité, de grands désordres se produisent et le progrès qu'on a voulu précipiter se trouve indéfiniment retardé, car il n'est rien qui donne tant de crédit aux vieilles institutions que les excès des novateurs qui n'ont pas su les remplacer par de meilleures.

On parle beaucoup, depuis 1789, des *droits de l'homme*, et certes ce n'est pas nous qui contesteront les légitimes revendications de nos pères; mais il ne faut pas que la recherche de nos droits nous fasse oublier les *droits de Dieu*, créateur et maître de l'univers.

Celui qui revêt les lys des champs, qui nourrit les oiseaux de l'air, qui élève et abaisse les nations, et qui nous a donné en son Fils, le Christ, le rachat de nos péchés et le salut de nos âmes, ne peut être mis de côté impunément.

« *Ses perfections invisibles*, dit saint Paul, *sa puissance éternelle et sa divinité se voient comme à l'œil nu quand on considère ses ouvrages.* » En sorte que ceux qui nient, peuples ou individus, sont inexcusables et vont à la ruine.

Malgré les tristes manifestations de l'athéisme et de l'impiété qui semblent s'accentuer en ces derniers temps, notre conclusion ne sera point pessimiste.

Après des expériences, peut-être douloureuses, on finira par comprendre la portée de l'affirmation du poète :

JE CROIS EN DIEU.

Et cette croyance poussera les hommes vers l'Eglise qui se rapprochera le plus de l'Evangile et qui, forte par sa spiritualité, par ses vertus et par son zèle, mettra en évidence ces paroles de saint Paul et de saint Jean :

« *Au reste, frères, que tout ce qui est vrai, tout ce qui est honorable, tout ce qui est pur, tout ce qui* est aimable, tout ce qui mérite l'approbation, ce qui est vertueux et digne de louange soit l'objet de vos pensées.»

« Nous aimons Dieu parce qu'il nous a aimés le premier. »

« En Jésus-Christ sont renfermés tous les trésors de la sagesse et de la science.»

« Là où est l'esprit du Seigneur, là est la liberté.»

Chercher ailleurs la réalisation du progrès, c'est poursuivre un vain mirage, c'est s'abreuver « à des citernes crevassées qui ne contiennent point d'eau. »

———— ✳ ————

Imprimerie Deslinières et Cie, boulevard de Courtais, Montluçon.

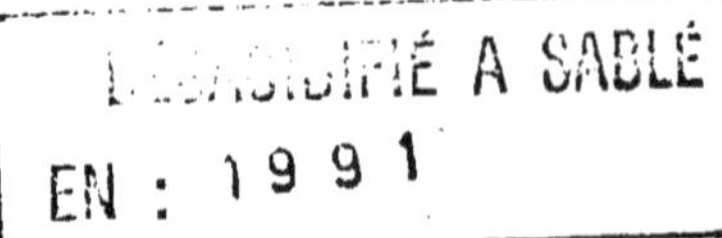